AF356966

THELIN.

—

RECHERCHES

RETROSPECTIVES.

RENNES,

IMPRIMERIE DE J.-M. VATAR.

M D CCC XLIII.

THELIN.

RECHERCHES

RETROSPECTIVES.

Nid oes, nag Angel na dyn
Nad wyl pan gano *delyn*.

(V. dict. d'Owen.)

There is no Angel nor man, but
would weep when the harp resound.

Les curieux conservateurs des souve-
nirs du moyen-âge, les poètes, les pein-
tres, les musiciens, les observateurs
d'une charte octroyée et d'une république fondée par un seigneur, les bio-

graphes des Bourbons-Vendôme, les phi-
lologues, les étymologistes sont invités
à visiter le camp de Thelin et à faire
dessiner la croix qui fut érigée sur la
lande il y a plus de trois cents ans.

Mais comment chercher une étymo-
logie sans déplaire à ceux qui ne l'ont
pas créée..... Toutefois, malgré le dé-
daigneux sourire de mes doctes contem-
porains, j'offre au public ces recherches
incomplètes et légères, et je me refugie
sous la protection de plusieurs noms
célèbres. Peut - être que Bochart,
Camden, Hardouin, Boxhorn, Bullet,
Owen et Le Gonidec me feront trouver
grâce auprès de quelques lecteurs.

Si l'on trouve en France une ville
dont le nom primitif est plein de res-
semblance avec le mot Telen, Thelin,
et si les langues orientales et celtiques en

donnent le sens, pourquoi , lorsque nous avons le corps du mot, ne pas adopter ou du moins présenter l'interprétation.

Or Telo martius (Itin. d'Antonin) c'est Toulon, de l'aveu de tous les critiques.

Puis le port , la ville , le promontoire des *Harpes* , Citharista portus (Mela , Pline , Ptolémée), c'est aussi Telo martius. - La situation topographique appuie cette assertion.

Ce n'est pas tout. - Bochart suivi de Boxhorn vient nous dire que Telo, Telon , Toulon vient de Telen , mot celtique analogue à Tillin , contracté de Tehilim , en hébreu psaume-cantique , d'où l'on a fait harpe Telen , comme on a dérivé psalterion de psaume.

Reprenons le mot lettre à lettre.

T n'est pas dans le radical hébreu HaLaL. Il est dans Telo martius. L

langue welsh a quelquefois adouci le T
en D. Voy. le Dict. d'Owen, v° Telyn.

H est dans le radical hébreu.

Le Progrès et l'Auxiliaire écrivent
Thelin.

E n'est pas dans le radical, mais il
est dans le Telo martius de l'Itinéraire
et pour la ville de Toulon Tolon, il n'a
été changé en O que vers le VIe siècle.
V. Dict. de la Martinière, les Bollandist.
Vit. S. Cypr. et Gallia Christiana.

L est dans le radical. Il en offre même
2, et Cassini écrit *Tellain*.

E est dans le mot breton Telen harpe
(Bullet et Le Gonidec). C'est un change-
ment en E ou une variante de l'iod du
Tehilim Tillin oriental.

Le dictionnaire welsh écrit Telyn par
y, mais on prononce ain.

N. Cette·lettre finale est dans le mot

breton et dans le mot welsh. Il est vrai qu'on trouve un mem dans le mot Tehilim non radical, mais le N. paraît dans le mot Tillin contracté de Tehilim. V. Camden et Boxhorn.

Ainsi les Cambriens écrivent Telyn ou Delyn harpe (Dict. d'Owen, et M. Ferd. Wolf, Uber die Lais).

Les Bretons écrivent Telen harpe (Dict. Le Gonidec), Telenn (Dict. de Grégoire de Rostrenen et de l'Armerye).

Amants des muses venez à Thelin..... Accordez vos harpes et vos guitares; chantez les cantiques sacrés de Jean Racine, les stances harmonieuses d'Ed. Turquety, les psaumes divins du prophète-roi au pied de la croix des Telandays.

L'inscription du piédestal ainsi que les vieux titres de Plélan demandent l'examen des paléographes. S'il en résulte que Telland est le mot ancien, on pourrait l'expliquer ainsi : pays de la Colline ou du Tumulus (V. Dict. de Bullet, v° Tel.).

On a parlé d'une république de Thelin. Elle aurait eu jadis pour fondateur un seigneur des environs qui aurait fait (le dirai-je ?) un octroi rémunératoire à ses vassaux libérateurs et fidèles. Les républicains de Thelin n'ont pas dédaigné , dans les temps modernes, de se prévaloir de cette tradition ou d'un titre qui auraient prouvé si long-temps , d'un côté la reconnaissance bienfaisante , d'une autre part la loyauté affectueuse, et de part et d'autre le bon accord transacteur du bon droit.

En 1840, un habitant de Plélan m'écrivait : « J'ai ouï dire que le sei-

» gneur, propriétaire de l'ancien fief
» du Telain, ayant été fait prisonnier
» et racheté par ses vassaux, leur fit
» don par reconnaissance de sa pro-
» priété. »

Le même correspondant a vu la croix
et l'inscription dans laquelle on a cru
lire ces mots :

. . . .

Par les Telandays

. . . .

Le ve jor de Juin,
Pour vos dire le moays

. . . .

L'an mil V^{cc} XXI

. . . .

Ung vendredi au matin.

Effectivement Pâques en 1521 tombant
le 29 mars, le 5 juin était un vendredi.

Remarquons en passant, qu'en cette même année 1521, il régna une telle mortalité en Bretagne, que les monstres revues) des nobles furent remises à un autre temps.

Saint Gurval, né dans la Grande-Bretagne, disciple de Saint Brendan, successeur de Saint-Malo, fut évêque de cette ville, mais il la quitta pour s'enfermer dans une solitude près de Guer. Il a peut-être chanté à Thelin quelques pieux cantiques aux sons de la harpe cambrienne.

Il est inutile de parler ici des rois Salomons. V. la note sur Maxent, nouv. Dict. de Bretagne, t. 2, v° Maxent.

Le paysage et l'histoire appellent les artistes et les écrivains : ils parcourront les clairières de la forêt merveilleuse et les petites collines dominant le pont du

Secret ; ils visiteront l'élégaut château de Saint-Malo de Beignon.

C'est là que dans le XIIe siècle (1196) un jeune prince, l'amour de la Bretagne, né après la mort de son père et portant le beau nom d'Artur, reçut le serment de plusieurs grands vassaux. Sa mère Constance, cette illustre veuve de Geoffroy, captive alors au château de Beuvron, demanda pour son fils l'appui des seigneurs. Ils se rendirent à cet appel, et le jour de l'Assomption de l'an 1196, on vit à Saint-Malo de Beignon, Herbert, évêque de Rennes, Geffroi, évêque de Nantes, Josselin, évêque de S.-Brieuc, Guehenoc, évêque de Vannes, Alain, comte de Penthièvre et de Goello, Juhael de Mayenne, Guihomar et Hervé de Léon, André de Vitré, Geffroi de Fougères, fils de Raoul qui était mort outre-mer, Alain le jeune de Rohan, Guillaume de Lohéac, Geffroi de Chasteaubrient, Péan de Malestroit, Amaury de Montfort, Alain de Chasteaugiron et Philippe son frère, Guillaume de La Guerche, Henri Salmon, Hervé Hagommard.

Il est vrai qu'Alain de Dinan n'y parut pas, mais l'année suivante, à la bataille d'Aumale, il adressa un tel coup de lance à Richard d'Angleterre, qu'il versa (dit Duchesne) le cheval et le cavalier.

Plusieurs historiens ont passé sous silence, et d'Argentré a contesté ce beau fait d'armes du Dinannais, mais Duchesne, D. Lobineau, D. Morice, Daru, Roujoux acceptent ce témoignage d'un contemporain.

Rex quadrupesque cadunt,

dit Guillaume l'armoricain, Philip. V° lib.

J'aime ce coup de lance porté avec tant de roideur par le sénéchal de Bretagne au terrible Roi Cœur-de-Lion.

« Richard avait assailli violentement Bretagne contre Artur, son neveu, comme ledit Artur avait encore besoin du lait de sa mère et non pas de bataille. »

A la mort de Richard, les Anglais connaissaient bien le droit héréditaire d'Artur, et menacèrent Jean de Mortaing ; mais ils se tournèrent du côté de celui-ci, qui possédait les trésors. Hubert, l'habile archevêque, voulait tenir en bride un roi élu ; c'est pourquoi il donna une couleur de droit divin à l'élection qu'il avait préparée. (Math. Paris et Blackstone).

Les Bretons, les Tourangeaux, les Angevins furent fidèles à la cause d'Artur par amour de la justice et du devoir.

14

On sait que le jeune prince périt assassiné.

Le lieu de Tehel, Loutehel, n'est pas éloigné de Thelin.

Je trouve au XIIe siècle un baron de Chasteaubrient du nom de Tehel ; aurait-il donc tenu ce beau surnom de sa harpe sonore ?...

Au XIXe siècle on a offert plus d'un libre hommage à l'illustre Châteaubriand et à son poétique génie. Je ne puis résister au plaisir de citer ces beaux vers que je trouve dans un journal à la date du 19 mars 1843.

Moi je t'admire alors que ta voix sur la France
S'étendit, réveillant partout son espérance
Et redressant l'autel qu'on osa dévaster....
Je t'admire aux Saints Lieux, dans Prague et
                              dans Vérone,

Et, saluant les lys restés à ta couronne,
Je suis fier de t'aimer et fier de te chanter....

H...

Comment au XVe siècle les aieux de Henri IV ont été seigneurs de Plélan.

Louis de Bourbon-Vendôme, quadris-aïeul de Henri-le-Grand, épousa, le 24 août 1424, Jeanne de Laval (Montfort Kergorlay); cette noble dame eut en dot quatre mille livres de rente, à prendre : deux mille en Anjou et deux mille en Bretagne sur Plélan, etc.

Le comte de Vendôme portait écartelé au 1 et 4 de France à la bande de gueules chargée de trois lionceaux d'argent, au 2 et 3 d'argent au chef de gueules, au lion d'azur armé, couronné, lampassé d'or sur le tout. Il mourut en 1446.

Jeanne de Laval portait d'or à la croix de gueules chargée de cinq coquilles d'argent, cantonnée de seize alérions d'azur. Elle mourut en 1468.

Louis de Bourbon fait chevalier en 1406 dans une expédition contre les Anglais; en 1415, prisonnier d'Azincourt, mis à rançon de cent mille écus; et n'ayant pu payer que cinquante-quatre mille écus comptant, on le retint en prison jusqu'en 1423, qu'il se sauva d'une manière qui parut miraculeuse. C'est pourquoi il fonda une procession à Vendôme, en laquelle on délivre un prisonnier convaincu de meurtre, qui ne soit pas assassinat: et s'il n'y en a pas de cette espèce dans les prisons de la ville, on soudoie un homme qui le représente, et qui, nu en chemise et pieds nus, porte, durant toute la procession, un cierge pesant trente-trois livres, qui brûle ensuite devant la Sainte Larme en l'abbaye de la Trinité.

M. Vatout nous apprend que Louis de Bourbon-Vendôme se reconnut vassal de la Sainte Vierge, et redevable d'une rente de 73 livres d'or.

En 1429, le comte de Vendôme fut le compagnon d'avant-garde de la pucelle d'Orléans. Il trouva dans cette armée ses deux cousins Gui et André de Laval (Montfort Kergorlay). (Voy. le curieux opuscule de M. Louis Dubois; Essai sur Vitré, 1839, in-8° de 144 pages, à la p. 51 et surtout aux pages 133 à 138.)

On ose espérer que M. Oresves, auteur des bonnes notes sur les sires de Mont-fort (Dictionnaire de Bretagne), s'occupe de l'article Plélan, et qu'il nous dira si Plélan passa, comme Camzillon, des Bourbons aux Tournemines, et enfin quels furent les derniers seigneurs du lieu. Il nous donnera son opinion sur l'orthographe de Thelin. Julien Hervé, natif de Beignon, mérite une note bibliographique ; mais il faudrait voir ses ouvrages, et consulter enfin sur Saint-Malo de Beignon non-seulement le P. Le Large, mais encore MM. Manet et Tresvaux.

A celui qui n'a plus d'avenir, il est sans doute permis de détourner ses regards du présent et de contempler le passé.

Les véritables savants, plus heureux que lui, diront le dernier mot. Donnonsle ici à la gracieuse Marie de France.

> Les cuntes que je sais verais
> Dont li Bretun unt fait lor lais
> Vus cunterei assez briefment
> . . . .

19

De cest cunte k'oï avez
Qu'hum dist en *harpe* e en rote
Boine en est à oïr la note.

Rennes, le 10 juillet 1843.

A. BARON DU TAYA.